LA BIENHEUREUSE

MARGUERITE-MARIE

RELIGIEUSE DE LA VISITATION

SAINTE-MARIE DE PARAY-LE-MONIAL

ESQUISSE

PAR Mme MARIE DE BRAY

PARIS

NOUVELLE LIBRAIRIE CATHOLIQUE

VICTOR SARLIT, LIBRAIRE-ÉDITEUR

RUE SAINT-SULPICE, 25

Voilà ce Cœur qui a tant aimé les hommes!

(Révélation à la Bienheureuse Marguerite-Marie.)

LA BIENHEUREUSE

MARGUERITE-MARIE [1]

I

La bienheureuse Marguerite-Marie se peint tou
entière dans les premières lignes de l'histoire de sa
vie, qu'elle écrivit par l'ordre exprès de son con-
fesseur : « C'est donc pour l'amour de vous seul, ô
« mon Dieu, dit-elle, que je me soumets à écrire
« ceci par obéissance. Je vous demande pardon de
« la résistance que j'y ai apportée. Il n'y a que vous
« seul qui connaissiez l'extrême répugnance que j'y
« sens, et il n'y a que vous qui puissiez me don-
« ner la force de la vaincre.... Faites, ô mon sou-
« verain Bien, qu'en exécutant l'ordre qu'on m'a
« donné, je n'écrive rien que pour votre plus
« grande gloire et ma plus grande confusion. »

Voilà la sainte ! sa vie pourrait se résumer par
ces mots : « *obéissance, humilité, amour.* »

Dès sa plus tendre enfance, Marguerite fit présa-

(1) Ces quelques pages ont été extraites de la vie de la Bienheureuse, écrite par le même auteur. 1 vol. in-12, 1 fr. 50.

ger que l'amour divin surpasserait en elle tout autre amour. Un jour qu'elle assistait à la sainte messe les genoux nus en terre, ainsi qu'elle en avait la pieuse habitude, elle se sentit entraînée à prononcer d'une manière plus expresse des paroles qu'elle disait souvent sans en comprendre toute la portée. Au moment de l'élévation, l'innocente enfant, élevant vers le Sauveur un regard mouillé de larmes : « *Mon Dieu*, dit-elle, *je vous consacre ma pureté. Je vous fais vœu de perpétuelle chasteté.* »

Elle sentit alors au fond de son cœur quelque chose de céleste que les années ne purent jamais lui faire oublier, image des joies pures que le Sauveur réserve à ses chastes épouses.

Après avoir perdu son père, elle fut mise en pension chez les Clarisses. On ne crut pas devoir la priver longtemps du bonheur de faire sa première communion. A partir de ce jour qui éclaira sa vie d'éclatantes et pures lumières, il lui devint impossible de prendre part aux jeux de ses compagnes. Elle y courait avec le joyeux empressement de son âge ; mais à peine s'y trouvait-elle mêlée, qu'un entraînement irrésistible l'appelait à la solitude. Elle disparaissait soudain, et si quelqu'une de ses petites amies cherchait à découvrir ce qu'elle était devenue, elle la trouvait à genoux par terre dans quelque coin obscur, confuse et désolée de se voir surprise dans ces actes extérieurs de profonde humilité.

Peu de temps après sa première communion, elle fut atteinte d'accès de rhumatismes et de paralysie d'une violence extrême ; elle était devenue d'une maigreur effrayante. Quatre longues années s'écoulèrent ainsi. Sa mère l'avait rappelée près d'elle avec l'espoir de la guérir, mais tous remèdes humains étaient impuissants.

La jeune fille se sentit inspirée de se consacrer à la reine des Vierges. Elle fit vœu d'être à jamais sa fille, si elle guérissait.

A peine ce vœu était prononcé... déjà elle était guérie. La confiance de Marguerite envers la sainte Mère de Dieu s'en augmenta encore. Dès lors, la très-sainte Vierge ne souffrit plus aucune imperfection dans les hommages que lui rendait sa petite servante : « *Eh quoi*, ma fille, lui dit-elle un jour qu'elle s'était assise en récitant le rosaire, *est-ce ainsi que tu me sers négligemment.* » Ces seuls mots firent une si profonde impression sur Marguerite, qu'elle en conserva toujours le souvenir.

Honorée de telles faveurs, il semble qu'elle aurait dû désormais mener une vie toute angélique. Mais les âmes les plus privilégiées sont aussi celles qui ont le plus à combattre. Malheureusement Marguerite ne se confessait qu'à de rares intervalles ; en revenant à la santé, elle se prit à la vanité, et glissa sur cette pente dangereuse des plaisirs qui entraîne tant de monde à sa perte. Aux yeux des hommes, sans doute, elle pouvait toujours passer pour une jeune fille modeste, pieuse, édifiante. Mais Dieu est jaloux de certaines âmes qu'il s'est choisies, et, lorsqu'après les avoir comblées de grâces particulières, il les voit rester stationnaires ou s'attiédir, son cœur de père, d'époux, après s'être abaissé jusqu'à la prière, s'arme de sévérité et s'élève jusqu'aux reproches.

Pour Marguerite, plus d'union intime avec le Sauveur, plus de ces épanchements si doux où la foi montre à l'âme fidèle Dieu toujours présent, Dieu, le seul et unique ami, Dieu, notre principe et notre fin, Dieu, notre récompense et notre couronne. Mais il veillait, ce Dieu d'amour et la poursuivait sans relâche; ce fut en frappant la mère de Marguerite, qu'il commença à vaincre les ingratitudes et les résistances de la jeune fille. Madame Alacoque, surchargée d'embarras domestiques, obligée de surveiller à la fois sa maison et l'éducation de ses fils, s'imagina trouver un soulagement en confiant son autorité à trois personnes dont elle se croyait sûre, et qui abusèrent tellement de sa bonté que, bientôt, elle se trouva tout à fait sous leur dépendance. Il fallait tout implorer de leur pitié, encore le plus souvent les demandes étaient-elles accueillies par des paroles outrageantes et des refus humiliants.

L'excès du malheur rendit à Marguerite sa ferveur première. Elle courut chercher la force et le soulagement près du divin Consolateur, et sa vertu s'affermit dans la souffrance. Elle atteignit ainsi l'âge de dix-huit ans. Plusieurs personnes, attristées de la position déplorable où elle se trouvait réduite ainsi que sa mère, cherchèrent à la marier. Après avoir longtemps résisté aux prières de madame Alacoque, la jeune fille consentit du moins à essayer de ce monde qu'elle redoutait et désirait; mais lorsqu'elle se trouvait dans le silence et la solitude, quels orages se soulevaient en son sein ! — L'amour filial, — l'amour de Dieu! Deux des plus forts et des plus doux sentiments de l'âme ! — La vie mondaine, avec tous ses enchantements, ses illusions, son luxe, ses pompes, ses enivrements. — La vie religieuse ; ses austérités, ses pénitences, ses combats, ses entretiens célestes, ses délices ineffables ! — L'esclavage de Satan, où, après les amertumes, les gloires évanouies, les fleurs flétries, la jeunesse fanée, on aboutit à la mort, puis, de la mort à l'éternité, à l'enfer !... — Le doux esclavage du Christ, où, après les immolations, les sacrifices, les brisements de cœur et de volonté, on arrive à la vie, au ciel, à l'éternité dans le sein de Dieu ! — Un vœu formel, fait en présence de Jésus et de Marie, rétracté, foulé aux pieds, méprisé.... — Une mère chérie exposée à la misère, aux opprobres, qu'un mot de sa fille pourrait rendre au bonheur !

A ces pensées déchirantes, Marguerite ne savait qu'opposer. Elle voulait, elle ne voulait plus. Elle se prosternait à terre ; elle implorait, elle conjurait. Mais comme sa volonté était encore défaillante, les ténèbres augmentaient, la tourmente sévissait.

Un jour enfin qu'après avoir reçu la sainte communion, Marguerite suppliait Notre-Seigneur de la rendre sainte, une lumière surnaturelle illumina son âme. La beauté des vertus *de pauvreté*, *de chasteté*, *d'obéissance* lui apparut tellement ravissante qu'elle ressentit un désir plus impérieux que jamais d'être religieuse. Elle écoute le divin Maître, et sent que la victoire lui est donnée ; elle comprend la vanité des affections de la terre ; elle prend la résolution inébranlable de briser généreusement ses chaînes et de se consacrer à Dieu sous le voile de ses chastes épouses.

Les combats entre la grâce et la nature étaient terminés. Le divin Sauveur avait vaincu : Marguerite était à lui pour toujours.

Trois ans, cependant, se passèrent encore sans que madame Alacoque ni les membres de sa famille donnassent leur consentement. Elle s'exerçait chez elle à toutes les vertus et à toutes les austérités du cloître, attendant enpaix le moment de Dieu. Ce fut dans cet intervalle qu'elle reçut le sacrement de confirmation, et ajouta à son nom celui de la très-sainte Vierge.

Toute renouvelée dans l'esprit de sacrifice et d'immolation, elle entrait de plus en plus dans une ineffable intimité avec Notre-Seigneur : satisfait de sa soumission, il lui facilita les moyens d'accomplir enfin les désirs de son âme.

Un religieux de l'ordre de Saint-François, à l'occasion d'un jubilé ouvert par le vénérable Clément X, était venu à Vérosvre (1) évangéliser la contrée ; il obtint de la famille de Marguerite-Marie ce consentement si ardemment désiré.

En entrant dans le couvent de la Visitation de Paray-le-Monial, où elle s'était sentie impérieusement attirée, elle crut entrer au ciel, et s'écria avec transport : « *C'est ici que Dieu me veut !* »

Les épreuves de la vie de famille étaient terminées. Les épreuves bien autrement difficiles de la vie unie au Sauveur crucifié allaient commencer. Celles-ci devaient concourir d'une manière admirable à la gloire de Dieu et à la consolation des affligés.

II

Marguerite-Marie, en pénétrant dans cet asile sacré où Dieu demande non plus le simple accomplissement des vertus chrétiennes, mais l'héroïsme même de ces vertus, prit la résolution de devenir *sainte*. Ce fut son but unique : elle n'en chercha plus d'autre. Mais comment acquérir cette sainteté ? — Par *l'obéissance*, cette obéissance dont elle avait eu dans le monde comme une révélation.

(1) Petit village de Bourgogne, où naquit la Bienheureuse.

Remise entre les mains de la mère Françoise Thouvant, maîtresse des novices, elle lui ouvrait son cœur avec la simplicité d'une enfant. C'était bien une enfant, en effet, par la candeur et la sainte ignorance. Élevée, sans le savoir, à un haut degré dans l'oraison, elle demandait dès les premiers jours à sa maîtresse de lui enseigner une méthode ; et le divin Sauveur daignait l'instruire lui-même : désormais, elle ne devrait plus qu'aimer et souffrir.

Son postulat s'était passé dans la ferveur. En célébrant avec une joie céleste ses fiançailles spirituelles, elle fut tellement enivrée qu'elle se sentit comme hors d'elle-même et presque incapable de toute action extérieure. On déclara à la novice que, si elle ne sortait de cet état, elle ne pourrait être reçue professe. La pauvre Marguerite-Marie court tout en larmes devant le Saint-Sacrement. « *Hélas, mon Seigneur*, s'écrie-t-elle, *vous serez donc cause qu'on me renverra ?* » — Et le bon Maître lui répond : « *Dis à ta supérieure qu'il n'y a rien à craindre à te recevoir; que c'est moi qui l'en assure.* »

La novice raconte avec candeur ce pieux entretien ; les supérieures, rassurées par une nouvelle épreuve, dans laquelle elles reçoivent l'assurance que Marguerite-Marie se laissera toujours diriger par la sainte obéissance, lui accordent enfin l'inappréciable faveur d'être admise à la profession.

Qui pourrait redire les sentiments qui inondè-

rent alors son âme ! Éperdue et tremblante à la vue
des faveurs dont la gratifiait son Époux, elle s'alar-
mait. Elle *souffrait* de ne pohvoir souffrir avec le
divin Crucifié. Et lui, pour la rassurer, lui disait :
« *Laisse-moi faire ; chaque chose a son temps. Je veux
que tu sois maintenant comme le jouet de mon amour,
et tu dois vivre ainsi abandonnée à mes volontés, sans
vues ni résistances, me laissant contenter même à tes
dépens, mais tu n'y perdras rien. Sois toujours dis-
posée à me recevoir, car désormais je veux faire ma
demeure en toi.* »

Cette promesse du Sauveur s'accomplit alors
d'une telle manière que Marguerite-Marie le sentait
et le voyait toujours auprès d'elle. Abîmée par
cette adorable présence, elle eût voulu être sans
cesse à genoux. Dieu imprimait en elle un si profond sentiment de sa misère qu'elle ne pouvait
plus se supporter elle-même ; elle ne cherchait que
des mépris. Son désir d'être humiliée était tel, que le
divin Maître lui ayant dit un jour de réitérer le sacrifice qu'elle lui avait déjà fait tant de fois de sa
liberté et de toute sa personne, elle imposa avec
simplicité cette condition à Notre - Seigneur :
« *Pourvu, ô mon souverain Maître, que vous ne fas-
siez jamais rien paraître d'extraordinaire en moi, si
ce n'est ce qui pourra m'humilier le plus devant les
créatures, et me détruire dans leur estime.* »

A la plus profonde humilité, elle joignait l'obéissance passive et se laissait consumer de plus en

plus par ces trois désirs : *souffrir pour Dieu ; l'aimer et communier ; mourir pour s'unir à lui.*

Le moment approchait où les faveurs spirituelles allaient faire à la fois son bonheur et son tourment.

Elle était professe depuis environ deux ans. Elle se trouvait en présence du Très-Saint Sacrement et s'abandonnait aux effusions de son amour. Ravie tout d'un coup en Dieu avec une puissance irrésistible, elle s'oublie elle-même et se trouve sur la poitrine adorable du Sauveur. Longtemps elle y repose avec une inexprimable félicité. C'est alors que le divin Maître daigne lui découvrir les mystères de son amour et les secrets de son Cœur ; c'est alors qu'il embrase le cœur de la bienheureuse d'un tel amour qu'elle en conserve toute la vie la flamme à la fois douloureuse et douce.

En revenant à elle, Marguerite-Marie était tellement éperdue qu'il lui fallut plusieurs jours se faire violence pour suivre la règle ordinaire. Traitée de visionnaire, et sévèrement reprise par sa supérieure, elle se sentait d'autant plus heureuse qu'elle était plus humiliée.

A partir de cette première faveur, tous les premiers vendredis de chaque mois devinrent pour la servante de Dieu des jours d'ineffables confidences. Notre-Seigneur lui apparaissait ; il lui découvrait son Cœur sacré brillant comme le soleil, ses plaies étincelantes, les merveilles de son amour envers les hommes, dont il ne reçoit qu'ingratitudes et mépris.

Mais toutes ces faveurs devenaient pour l'heureuse professe une source d'humiliations et d'angoisses. Elle finissait parfois, dans son humilité, par se croire le jouet de trompeuses illusions. Notre-Seigneur, pour la consoler lui fit savoir que le temps approchait où il lui donnerait un directeur sage, éclairé, et qu'alors de nouvelles grâces lui seraient accordées. Ce messager céleste, ce guide spirituel qui devait rassurer la fidèle épouse du Sauveur et se laisser lui-même embraser au doux contact du Cœur de Jésus, c'était le Père de la Colombière, de la Compagnie de Jésus.

Il sut la consoler et la guider dans la voie difficile où l'appelait le Sauveur, et lui ordonna d'écrire le récit fidèle de ce qui se passait en son âme. C'est ainsi que l'on a pu connaître les grâces dont Dieu la gratifia.

Ces grâces devaient être plus signalées encore : les secrets de l'amour et de la miséricorde infinis du Sauveur allaient être révélés dans toute leur plénitude. Une plainte amoureuse de Notre-Seigneur devait, en retentissant dans le monde entier, faire connaître les déchirements suprêmes du Cœur d'un Dieu qui se sent méprisé par ceux mêmes qu'il comble de ses grâces.

Un jour de l'Octave du Très-Saint Sacrement, la bienheureuse, agenouillée près de la grille du chœur où était exposé le Saint des saints, se sentait consumée du désir de rendre au Sauveur amour pour amour.

Elle le voit ! Il paraît ; il lui découvre son divin Cœur : « *Voilà ce Cœur qui a tant aimé les hommes qu'il n'a rien épargné, jusqu'à s'épuiser et se consumer pour leur témoigner son amour ; et, par reconnaissance, je ne reçois de la plus grande partie que des ingratitudes par les mépris, les irrévérences, les sacriléges et les froideurs qu'ils ont pour moi dans ce sacrement d'amour ; ce qui m'est le plus sensible, c'est que ce sont des cœurs qui me sont consacrés qui me traitent ainsi. C'est pour cela que je te demande que le premier vendredi après l'Octave du Saint-Sacrement, soit dédié à faire une fête particulière pour honorer mon Cœur, en lui faisant réparation par une amende honorable, pour réparer les indignités qu'il a reçues pendant le temps qu'il a été exposé sur les autels. Je te promets aussi que mon cœur se dilatera pour répandre avec abondance les influences de son divin amour sur ceux qui lui rendront cet honneur, et qui procureront qu'il lui soit rendu.* »

La bienheureuse, éperdue, s'écrie : « *Mais mon Seigneur, à qui vous adressez-vous ?... Vous avez tant d'âmes généreuses pour exécuter votre dessein !* — « *Eh quoi, pauvre innocente, ne sais-tu pas que je me sers des sujets les plus faibles pour confondre les forts, et que c'est ordinairement sur les petits et les pauvres d'esprit que je fais éclater ma puissance, afin qu'ils ne s'attribuent rien à eux-mêmes ? »* — *« Donnez-moi donc, Seigneur, le moyen de faire ce que vous me commandez. »* Alors le Sauveur dit à Marguerite-Marie d'en conférer avec le Père de la Colombière, qui fut ainsi le premier disciple du Cœur de Jésus, et se consacra à Notre-Seigneur comme victime de son amour, le premier vendredi qui suivit l'Octave du Saint-Sacrement (21 juin 1675).

Désormais, le Cœur adorable du Sauveur allait embraser le monde catholique de ses divines ardeurs.

III

La mère Marie-Christine Melin, l'une des supérieures de Paray-le-Monial, nomma Marguerite-Marie maîtresse des novices au mois de mai 1684. La seule pensée du vœu qu'avait fait l'humble religieuse de tout accepter sans se défendre, put la déterminer à un tel sacrifice de sa volonté. Elle se soumit et sut gagner l'affection et la confiance des novices, et leur inspirer le désir incessant d'arriver à la perfection. C'était dans le Cœur du divin Maître qu'elle puisait ses conseils et les encouragements qu'elle leur adressait. On reste frappé d'admiration en lisant les instructions qu'elle leur donnait par écrit.

Le 20 juillet 1685, tout le noviciat était en fête. Les doux visages des jeunes novices rayonnaient

de joie. Quels que fussent leurs efforts pour obser-
ver le silence de la règle, elles ne pouvaient s'empêcher de jeter de temps en temps quelque joyeuse
exclamation. L'essaim bourdonnait malgré lui dans
là ruche : la sainte allégresse et la reconnaissance
n'ont pas de clôture.

La bonne maîtresse s'aperçut de cette disposition; elle en comprit bientôt le motif. La fête de
sainte Marguerite, sa patronne, arrivait le lendemain : elle tombait un vendredi. Frappée de ce rap-
prochement, elle résolut d'en profiter pour faire
rendre enfin un hommage solennel au sacré Cœur de
Jésus. Au moment où les novices se préparaient à
offrir des fleurs à Marguerite-Marie, celle-ci leur
parle avec une telle effusion du Cœur du Sauveur,
que toutes, spontanément et sur le simple désir
qu'elle en exprime, s'empressent de disposer un
petit autel dans la salle du noviciat. Là, elles placent
l'image du divin Cœur ornée de tous ses pieux em-
blèmes, et lui offrent les bouquets destinés à sa
fidèle servante. Alors celle-ci, le visage rayonnant,
se prosterne avec la ferveur d'un chérubin devant la
sainte image, et prononce un acte de consécration.

Tandis qu'elle exhalait ce chant d'humilité et
d'amour, les novices ravies, tout embrasées à ce
doux contact, unissent la consécration de leurs
cœurs à celle de la séraphique adoratrice du divin
Maître ; la journée tout entière se passa au novi-

ciat dans de pieux exercices propres à animer la plus tendre dévotion envers le Cœur de Jésus.

Cependant, le reste de la communauté ne tarda pas à se soulever contre une innovation que l'on regardait comme dangereuse et contraire à la règle. La supérieure, par prudence, ordonna à la bienheureuse de se borner à en exercer la pratique dans le noviciat. Elle obéit, remettant au divin Maître le soin de défendre sa cause; et le Sauveur l'assura qu'il régnerait malgré tous les obstacles.

Le dernier jour de l'Octave du Très-Saint Sacrement, 1686, une lumière soudaine éclaire l'âme de Marie des Escures, l'une des religieuses les plus opposées au nouveau culte. Le doute disparaît; la grâce agit d'une manière surnaturelle, un désir ardent de réparer son ingratitude envers le Cœur adorable de Jésus l'enflamme. En vain elle lutte; elle se sent attirée, persuadée, vaincue. Il faut qu'elle soit la première à réparer la froideur et l'indifférence qui ont accueilli cette nouvelle manifestation de l'amour de Dieu. Pour cela, elle fera une démarche qui, en coûtant à son amour-propre, sera déjà une expiation. Le soir même, elle demande à Marguerite-Marie de lui prêter une miniature représentant le sacré Cœur que lui avait envoyée une des anciennes supérieures de Paray-le-Monial.,

Et le lendemain, les filles de Sainte-Marie, en venant adorer le Très-Saint Sacrement, s'arrêtent

**.

avec une respectueuse surprise devant un petit autel placé dans le chœur intérieur de l'église. Là, au milieu des fleurs et des lumières, apparaît la sainte image. Elle est entourée d'une inscription qui invite les épouses du Sauveur à lui rendre hommage. Tous les fronts s'inclinent, toutes les lèvres bénissent, adorent, aiment, glorifient le très-saint, Très-sacré, très-adorable Cœur de Jésus présent au très-Saint Sacrement de l'autel.

La réaction avait été si merveilleuse que le jour même on résolut de bâtir une chapelle qui fut spécialement consacrée au Sacré-Cœur, et l'argent nécessaire fut trouvé en grande partie dans ce pieux élan.

« *Je mourrai maintenant contente,* » écrivait la bienheureuse à l'une de ses anciennes supérieures, « *puisque le Cœur de mon Sauveur commence à être connu.* »

Ses vœux allaient être réalisés. L'exil allait finir : la terre de la céleste patrie apparaissait enfin à l'humble voyageuse ; le ciel allait s'ouvrir et donner entrée à une nouvelle élue. Cette sainte mort, dont nos lecteurs trouveront le récit dans la vie que nous avons publiée, arriva le 17 octobre 1690 entre sept et huit heures du soir. Marguerite-Marie avait 43 ans, deux mois et quelques jours.

IV

Déjà la ville est en larmes! « La sainte est morte! « la sainte est morte ! » On se précipite de grand matin vers l'église où son corps est déposé. Le peuple envahit le lieu saint, se presse autour du cercueil, pour faire toucher des chapelets et des objets de piété à ces dépouilles précieuses que la mort immortalise.

Ses funérailles furent un triomphe. Plusieurs fois, les cris du peuple interrompirent la cérémonie. Larmes, prières, chants divins, invocations, gémissements, actions de grâces , accompagnèrent son chaste corps jusqu'à l'un des angles du cloître où il fut déposé. Marguerite-Marie, dans le silence de la tombe, semblait chercher encore l'oubli et l'obscurité. Son nom seul fut inscrit sur l'humble pierre qui la recouvrit ; mais bientôt ce nom allait se graver en caractères ineffables dans le cœur de tous les adorateurs du sacré Cœur de Jésus.

Un an après la mort de la bienheureuse, parut un opuscule rédigé par un de ses directeurs, qui jeta une éclatante lumière sur le culte du sacré Cœur ; peu à peu, malgré les contradictions qui s'opposent toujours au développement des grandes et pieuses œuvres, des chapelles s'élevèrent, des fêtes furent établies, des confréries fondées, et la nouvelle dévotion grandit au milieu des tourmentes.

Et maintenant, dans presque tous les monastères

et toutes les églises du monde entier, nous voyons à l'endroit le plus apparent une chapelle où prient de nombreux fidèles. Au-dessus du tabernacle où réside le Saint des saints est exposé un pieux emblème. A genoux, adorons, expions et prions ! C'est le Cœur du divin Maître ; c'est le consolateur des affligés ; c'est le refuge des pauvres et des pécheurs ; c'est un abîme de paix et de miséricordes ; le salut des infirmes, l'espérance des mourants, les délices des saints. C'est ce Cœur, sur lequel il fut donné, après l'apôtre saint Jean, à une humble vierge de se reposer avec d'ineffables délices. A genoux, adorons, expions et prions ; et, prenant les sentiments du roi martyr, disons-lui avec amour : « *O Cœur adorable de mon Sauveur, que j'oublie ma main droite, et que je m'oublie moi-même, si jamais j'oublie vos bienfaits et ma promesse, si je cesse de mettre en vous toute ma confiance et ma consolation.* »

Près de deux siècles ont passé : le souvenir des vertus héroïques de la bienheureuse s'est perpétué ; la vénération pour sa mémoire est allée grandissant ; des miracles ont été obtenus par son intercession ; Rome, après dé sages lenteurs, a prononcé. O France, fille bien-aimée de l'Église, tressaille d'une sainte allégresse ; tu possèdes une protectrice de plus. Invoque désormais avec confiance celle que l'adorable Maître choisit pour manifester d'une manière éclatante sa prédilection pour toi, son amour pour les hommes. Vois avec joie les prêtres se presser autour de ses reliques sacrées, et, s'unissant à la grande voix du vénérable pontife qui gouverne la sainte Église, et à toutes les âmes pieuses, bénir avec amour le Dieu qui fait de si grandes choses dans les âmes qu'il s'est choisies. Offre de nouveau au sacré Cœur de Jésus les cœurs de tous tes enfants. Par l'intercession de la bienheureuse, il leur pardonnera, il les conduira au ciel !

Gloire à jamais au Cœur adorable du Sauveur !

Prière à la bienheureuse Marguerite - Marie pour tous les jours de la neuvaine.

Plein de confiance en votre puissante intercession, je viens humblement à vous, ô bienheureuse Marguerite-Marie, à vous qui avez appris du Cœur adorable de Jésus, la compassion, la miséricorde et la charité pour les misères humaines. Voyez mes besoins, mes peines, mes souffrances, et soyez-en touchée ; ne me refusez pas votre appui, votre protection, et, par l'amour dont vous brûliez pour le Cœur sacré de Jésus, demandez-lui pour moi la grâce que je sollicite par la neuvaine que je fais en votre honneur. (*Spécifier la grâce qu'on demande.*) Non, vous ne me refuserez pas, ô ma céleste protectrice, car la charité qui, aux jours de votre vie mortelle, vous rendait si bonne, si compatissante aux peines de tous, n'a fait que s'accroître au ciel. Ma confiance en vous ne sera pas vaine, vous emploierez pour moi votre crédit auprès du divin Cœur de Jésus, et vous m'obtiendrez la grâce que je demande ; mais si mes désirs ne s'accordaient pas avec la volonté de Dieu, s'ils étaient contraires à sa gloire, aux intérêts de mon âme, obtenez-moi alors la patience, la résignation dans mes peines et une entière soumission à son adorable volonté. Ainsi soit-il.

Acte d'amour au sacré Cœur de Jésus, en union avec la bienheureuse Marguerite-Marie.

O délices de tous les saints, joie, trésor et amour, Cœur sacré de Jésus, source du pur amour, souffrez que pour vous aimer d'une manière moins indigne de vous j'unisse mon cœur si froid et si indifférent au cœur de la bienheureuse, à ce cœur si embrasé du feu de la charité et si zélé pour votre gloire ; que je vous adore par ses profondes adorations ; que je vous loue par les louanges qu'elle vous a données sur la terre et qu'elle vous donne dans le ciel ; souffrez encore que je vous offre tous les hommages qu'elle vous a rendus, en réparation de mon ingratitude et de celle de tous les pécheurs ; souffrez enfin que je vous aime par les saintes et brûlantes ardeurs de son cœur embrasé d'amour, et qu'en union avec elle je me dévoue tout entier à vos intérêts et à votre gloire, que je sois avec elle victime de votre amour, que je vive de ce divin amour et que je meure consumé de ses saintes ardeurs. Ainsi soit-il.

Promesses faites par Jésus-Christ à la bienheureuse Marguerite-Marie, en faveur des personnes dévotes à son sacré Cœur.

1. Je leur donnerai toutes les grâces nécessaires dans leur état.

2. Je mettrai la paix dans leurs familles.

3. Je les consolerai dans toutes leurs peines.

4. Je serai leur refuge assuré pendant la vie, et surtout à la mort.

5. Je répandrai d'abondantes bénédictions sur toutes leurs entreprises.

6. Les pécheurs trouveront dans mon Cœur la source et l'océan infini de la miséricorde.

7. Les âmes tièdes deviendront ferventes.

8. Les âmes ferventes s'élèveront rapidement à une grande perfection.

9. Je bénirai même les maisons où l'image de mon sacré Cœur sera exposée et honorée.

10. Je donnerai aux prêtres le talent de toucher les cœurs les plus endurcis.

11. Les personnes qui propageront cette dévotion, auront leur nom écrit dans mon Cœur, et il n'en sera jamais effacé. (Vie de la bienheureuse Marguerite-Marie.)

Quelques-unes des instructions données par la Bienheureuse aux novices de sa communauté.

Vous m'avez fait plaisir, ma très-aimée sœur, de m'écrire, et vous devez être sûre que mon affection pour vous rendre mes petits services, me fait trouver du plaisir en ce que vous pensez m'être une peine : le désir que vous me faites paraître d'être toute à Dieu, m'adoucit tout. Je suis bien aise que Notre-Seigneur vous invite à vous abandonner toute à lui, comme un enfant entre les bras de son père qui est assez puissant pour l'empêcher de périr. Prenez donc pour vous ces paroles : « Si vous « ne devenez comme un petit enfant, vous n'entre- « rez point au royaume des cieux. » La pratique en consiste à vous rendre petite par la vraie humilité du cœur et la simplicité de l'esprit. Il me semble que par ces deux vertus vous parviendrez à la perfection que Dieu demande de vous.

La première vous tiendra toute anéantie dans un parfait oubli et mépris de vous-même. Vous recevrez de bon cœur et comme venant de la main de votre Père céleste, les humiliations et les contradictions qui vous arriveront. Sans vous amuser à regarder les causes secondes, regardez uniquement son Cœur amoureux, qui ne permettra jamais à sa main adorable de rien exécuter à votre égard, que par rapport à sa gloire et à votre sanctification. Parce qu'il vous aime, il vous fournira souvent des moyens de vous crucifier, soit par les créatures, soit par vous-même ; mais, de quelque manière que ce soit, n'y opposez que votre silence et votre soumission, disant : « C'est mon Père céleste qui l'a fait ; cela me suffit. »

Pour commencer ce parfait abandon, vous ferez un entier sacrifice à Dieu de votre propre volonté, après la sainte communion, ne vous réservant aucune jouissance de cette volonté propre, et demandant pardon du mauvais usage que vous en avez fait. Vous sacrifierez à son Cœur sacré votre libre arbitre, en demandant, par ce Cœur divin, la grâce qu'il vous fasse vivre à l'avenir comme si vous étiez sourde, aveugle et muette :

Sourde à entendre les suggestions de l'amour-propre, les paroles où la charité est blessée, et généralement tout ce qui peut altérer la pureté de votre cœur ; aveugle sur les défauts d'autrui, pour n'en pas juger ; et sur vous-même, pour vous laisser conduire en tout par la sainte obéissance, sans réplique et sans réflexion ;

Muette, pour ne point parler de vous-même, ni pour vous louer, ni pour vous excuser. Souvenez-vous que, quand vous faites l'un ou l'autre, vous vous rendez un objet de mépris aux yeux des anges. Lorsqu'il vous vient encore de vous excuser, dites en vous-même : Jésus était innocent, et il se tait quand on l'accuse ; et moi, qui suis tant de fois criminelle, oserais-je me justifier ?

Lorsque des pensées de respect humain vous attaqueront, dites en vous-même : Non, mon Dieu, je ne ferai ni plus ni moins, pour la vue des créatures ; puisque je ne veux que vous plaire, il me suffit que vous me voyiez partout.

Pour votre oraison, pensez, en y allant, que vous accompagnez Notre-Seigneur allant faire la sienne au jardin des Olives ; unissez-vous à ses saintes dispositions et à ses intentions. Lorsque vous vous trouverez dans la dissipation ou la négligence, faites-vous ce reproche à vous-même : Hé quoi, mon âme, ne pouvons-nous demeurer ce petit moment avec Jésus ? Ensuite remettez-vous simplement à votre sujet, sans vous amuser à regarder quelles étaient vos distractions, et à la fin de votre oraison, offrez au Père éternel celles de son Fils, pour réparer les défauts de la vôtre. Faites enfin de telle sorte, que le principal fruit que vous en tirerez soit l'amour de l'humilité et de la simplicité. Suivez en chaque action l'exemple de Notre-Seigneur crucifié, qui n'a jamais cherché sa gloire, mais celle de son Père. Que votre gloire ne soit donc plus que dans les humiliations et les mépris.

Lorsqu'il vous en arrivera, dites : Voilà ce qui m'est dû. Tenez votre cœur en paix, quoi qu'il arrive : ne vous troublez jamais de rien, pas même de vos défauts : il faut vous en humilier et vous en corriger paisiblement, sans vous décourager ni vous laisser abattre. Dieu habite dans la paix. Au reste, secondez courageusement tous les desseins que Dieu a sur vous : ce sera en vous abandonnant toute à son amour. Je vous conjure de vous attacher inviolablement à l'exacte pratique de toutes vos saintes ordonnances, et de faire votre demeure dans le Cœur sacré de Jésus. Lorsque vous aurez commis quelque faute, prenez dans ce Cœur adorable de quoi la réparer ; mettez-y tout ce que vous ferez ; cherchez-y tout ce dont vous aurez besoin ; unissez-vous toujours à lui, en tout ce que vous souffrirez.

A une novice qui éprouvait de grandes peines intérieures.

Croyez-moi, ma chère sœur, ne vous laissez point aller au chagrin dans les petites peines par lesquelles il plaît à Dieu de vous éprouver. Conformez votre volonté à la sienne, et le laissez faire : son désir est que vous demeuriez paisible et constante dans vos peines et sécheresses, sans vous tant inquiéter à chercher les moyens d'en sortir comme vous faites. Il faut demeurer là, puisque Dieu le veut. Que vous sert de vous tant tourmenter ? Otez seulement tout ce qu'il vous fera connaître être un obstacle à son amour. Il veut que vous viviez dans un entier dénûment de tout ce qui n'est pas lui et qui peut contenter vos inclinations et lier vos affections ; car, à mesure que vous vous revêtirez de ces sortes de choses, il vous dépouillera de ses grâces. L'estime et l'applaudissement des créatures est très-dangereux pour vous; ne faites rien pour l'attirer. Fuyez les langues flatteuses, et le respect humain, lequel vous préférez lâchechement à l'amour de Notre-Seigneur. Je pense que sa sainte intention est de vous tenir basse et petite par ces sortes de peines, parce que l'humiliation vous est nécessaire : toute autre voie vous est dangereuse. Vous devez tenir à grande faveur quand il arrive en vous ou hors de vous quelque occasion d'humiliation ou d'anéantissement.

A une novice qui avait commis une faute et qui ne la lui avait pas découverte d'abord avec simplicité.

Je suis bien aise, ma chère sœur, que Notre-Seigneur vous ait fait connaître cet obstacle à votre perfection par un autre moyen que par ce que j'aurais pu vous dire, espérant qu'il vous en fera mieux comprendre l'importance lui-même, que je n'aurais pu le faire. Mais comprenez bien que ce n'est pas le tout d'avoir connu cette faute, si vous ne venez à l'amendement par un généreux détachement de toutes choses. Remarquez que c'est le démon qui vous empêche de vous en délivrer, de peur de rompre le lien par lequel il vous tient attachée à lui et vous empêche de vous unir de bonne foi au Cœur de Jésus-Christ. Il se retirera de votre âme, s'il vous trouve attachée à quelque autre chose qu'à lui. Si vous manquez de simplicité, vous perdrez l'amitié de ce Cœur divin. Il laissera le vôtre comme une terre stérile qui ne produit que des chardons et des épines. Travaillez fidèlement à la mortification de votre esprit, comme de vos sens : rendez-vous humble et simple, si vous voulez être avouée comme une vraie fille de Jésus-Christ.

A une novice, pour la porter à la confiance en Dieu.

Jetez-vous souvent, ma très-chère sœur, entr les bras de l'amoureuse providence de Jésus, surtout après la sainte communion où il vous ouvre son cœur pour gagner le vôtre. Abandonnez-vous et livrez-vous totalement à la puissance de son amour pour tout ce qui vous regarde. Qui dit pur amour, dit pures souffrances. Nous devons chérir nos peines et nous unir aux desseins de Dieu sur nous ; dites dans vos peines : *Dominus illuminatio mea et salus mea, quem timebo?* Le Cœur adorable de Jésus veut que les cœurs qui sont à lui soient détachés de tout et d'eux-mêmes. Notre amour-propre est si fin, qu'il nous fait croire que c'est Dieu que nous cherchons en nous attachant trop aux choses de son service. C'est ce qui nous cause du trouble lorsqu'il faut les quitter, parce que nous avons cherché notre propre satisfaction plus que Dieu. Un cœur qui ne veut que lui, le trouve partout ; et comme notre but, en nous faisant religieuses, a été de nous donner tout à Jésus-Christ, aussi faut-il qu'il nous soit tout en toutes choses.

Avis aux novices qui entrent en retraite.

Allez en solitude, pour apprendre à vous quitter et à vous oublier vous-même par un entier abandon à la providence du Cœur de Jésus : il sera votre directeur et votre tout. Ainsi toute à Dieu, et tout pour Dieu : un seul cœur, un seul amour, un seul Dieu.

Allez en solitude, pour réparer le temps perdu et pour mieux employer le présent avec tous les moments que vous serez en sa présence, chacun selon la fin pour laquelle il vous a été donné. Pour bien passer ce saint temps, il faut aimer ardemment et constamment ; il faut s'abandonner toute à l'amour et le laisser agir pour vous, vous contentant de lui adhérer en tout par un profond anéantissement de vous-même. Tout de Dieu, et rien de moi ; tout à Dieu, et rien à moi ; tout pour Dieu, et rien pour moi.

Lettre à l'un de ses directeurs.

Notre souverain Maître m'a mise dans un état souffrant en ce temps de carnaval, où tant de pécheurs l'offensent et l'abandonnent. Il me semble que c'est tellement un temps de douleur et d'amertume pour moi, que je ne puis voir ni goûter que mon Jésus souffrant, en compatissant à ses douleurs. Le divin Sauveur m'en pénètre si vivement, que je ne me reconnais pas moi-même. Tout sert à sa divine justice d'instrument propre à tourmenter cette victime criminelle, en telle sorte que je ne puis faire autre chose que de me sacrifier comme une victime d'immolation à sa justice. Il me semble que je souffre d'une manière si étrange, que si sa miséricorde infinie ne me soutenait, à mesure que sa justice me fait sentir le poids de sa rigueur, il me serait impossible de le soutenir un moment. Cependant, tout cela se passe dans une paix inaltérable, me contentant d'acquiescer à son bon plaisir; pourvu que mon divin Sauveur se contente, cela seul me suffit. Je ne croyais pas pouvoir vous écrire, car je ne voulais dire autre chose dans l'état où je suis que ces paroles de mon aimable Sauveur : « *Mon âme est triste jusqu'à la mort,* » ou ces autres : « *Mon Dieu, pourquoi m'avez-vous abandonnée ?* »

Cependant je puis vous assurer que plus je souffre, plus je sens la soif ardente que j'ai de souffrir. Je crains même de prendre trop de satisfaction à souffrir. Enfin le parti que je suis résolue de prendre en tout ceci, c'est de m'abandonner et de me soumettre parfaitement à la bonté infinie de mon souverain Maître, modérant même cet ardent désir que j'ai des souffrances en lui laissant le soin de tout faire.

Au même.

Non, mon père, il me semble que je ne saurais vivre un moment sans souffrir. Il est vrai que je succomberais souvent si Notre-Seigneur ne me soutenait d'une grâce particulière, et c'est, ce me semble, pour obtenir cette grâce que mon divin Sauveur me commanda de communier tous les premiers vendredis de chaque mois, ou plutôt afin de réparer, autant qu'il m'est possible, les outrages qu'il a reçus pendant le mois dans le Très-Saint Sacrement. Voici cependant ce qui me causa une espèce de supplice qui me fut encore plus sensible que toutes les peines dont j'ai déjà parlé, c'est lorsque cet aimable Cœur me fut représenté avec ces paroles : *« J'ai une soif ardente d'être aimé des hommes dans le Très-Saint Sacrement et je ne trouve presque personne qui s'efforce selon mon désir de me désaltérer, en usant envers moi de quelque retour. »*

Une autre fois il m'a semblé voir cet aimable Cœur comme un soleil qui jetait ses rayons de toute part et sur chaque cœur, mais d'une manière bien différente, selon les différentes dispositions de ceux sur lesquels ces rayons tombaient ; car les âmes des réprouvés s'endurcissaient encore davantage, comme la boue s'endurcit aux rayons du soleil, et au contraire le cœur des justes en devenait plus pur et se ramollissait comme la cire. Cependant je ne recevais aucune de ces grâces que je ne me sentisse pressée intérieurement de faire connaître ce divin Cœur, sans que je pusse en trouver les moyens, jusqu'à ce que le père de la Colombière fût envoyé ici, et que, dans l'octave du Saint-Sacrement, comblée des plus grandes faveurs, ne pouvant résister aux secrets reproches que me faisait mon divin Maître, qui se plaignait amoureusement de mon peu de fidélité à ses ordres et de ma timidité, qui n'était proprement qu'un effet de mon amour-propre, il fallût enfin me rendre et découvrir malgré moi à ce père ce que j'avais toujours tenu caché avec tant de soin, parce qu'il me fut dit alors distinctement que ce grand serviteur de Dieu avait été destiné en partie pour l'exécution de ce grand dessein.

Je suis obligée, mon révérend Père, de vous avouer que je ne saurais vous en dire davantage; car si vous saviez le rigoureux supplice que je souffre en vous écrivant ceci, quoique vous m'ayez fait connaître que cela est nécessaire à la gloire du sacré-Cœur de mon adorable Maître, auquel je suis toute sacrifiée, et que l'obéissance m'en fait un commandement exprès; si vous saviez, dis-je, ce que je souffre, peut-être eussiez-vous eu d'autres pensées. Je vous ai dit tout ceci tout simplement et comme il me semble que cela s'est passé; mais, hélas! encore une fois, ne me suis-je point trompée jusqu'ici? ne me trompé-je point encore? Je sais que Dieu se plaît quelquefois à faire ses libéralités à ceux qui le méritent le moins ; mais mes imperfections me donnent grand sujet de craindre que tout ceci ne soit que vanité et illusion. En tout ce qui se passe en moi, je ne trouve rien de si solide que les humiliations que cela peut me procurer et le bonheur que j'ai de souffrir.

Acte d'amour.

O très-amoureux Cœur de mon unique amour, ne pouvant vous aimer et vous glorifier selon l'étendue du désir que vous m'en donnez, j'invite le ciel et la terre à le faire pour moi, et je m'unis à ces ardents séraphins pour vous aimer. O Cœur tout brûlant d'amour ! que n'enflammez-vous le ciel et la terre de vos pures flammes pour en consumer tout ce qu'ils renferment, afin que toutes les créatures ne respirent que votre amour ! Ou faites-moi souffrir ou mourir, ou du moins changez-moi tout en cœur, pour vous aimer en me consumant dans vos plus vives ardeurs. O feu divin, ô flammes toutes pures du Cœur de mon unique amour, brûlez-moi sans pitié, consumez-moi sans résistance. Hélas ! pourquoi m'épargnez-vous, puisque je ne suis propre qu'à brûler, et que je ne mérite que le feu ? O amour ! ô amours du ciel et de la terre, venez dans mon cœur pour le réduire en cendre. O feu dévorant de la divinité, venez fondre sur moi, brûlez-moi, consumez-moi au milieu de vos pures flammes qui font vivre ceux qui y meurent.

Oraison à Jésus et au Saint-Sacrement.

C'est pour honorer votre état de victime en ce sacrement d'amour, que je viens à vous, ô divin Jésus, en cette qualité, vous suppliant de vouloir bien être mon sacrificateur pour m'immoler sur l'autel de votre aimable Cœur. Mais comme cette victime est criminelle en tout, je vous supplie, ô mon divin sacrificateur, de la purifier et consumer dans les ardeurs de ce divin Cœur, comme un parfait holocauste, pour me donner une nouvelle vie d'amour et de grâce en vous. O mon doux Jésus, l'unique amour de mon cœur, le doux supplice de mon âme, et le martyre agréable de ma chair et de mon corps, toute la grâce que je vous demande pour honorer votre état de victime, c'est de vivre et de mourir victime de votre sacré Cœur, par un amer dégoût de tout ce qui n'est point vous, victime de votre âme par toutes les douleurs et tous les délaissements dont la mienne est capable, et victime de votre corps par l'éloignement de ce qui peut satisfaire le mien, comme par la haine d'une chair criminelle que je veux crucifier pour l'amour de vous. Ainsi soit-il (1).

_____

(1) *Recueil des écrits de la vénérable Mère Marguerite-Marie.*

MAXIMES

MARGUERITE-MARIE

L'amour rend les amis conformes. Aimons le sacré Cœur de Jésus, mais aimons-le sur la croix, puisqu'il fait ses délices de trouver dans un cœur, amour, souffrance et silence.

Le Cœur de Jésus est plus près de vous, quand vous souffrez. Rien ne nous unit tant au Cœur de Jésus que la croix, qui est le gage le plus précieux de son amour.

Le Cœur adorable de Jésus veut que les cœurs qui sont à lui, soient détachés de tout et d'eux-mêmes. Si vous voulez posséder Jésus-Christ et habiter dans son Cœur, soyez dans la disposition de ne rien posséder avec lui et d'être content de lui seul. Ne vous réservez que le désir de lui plaire et de l'aimer en toutes choses.

Il n'y a que le cœur humble qui soit capable d'entrer dans le sacré Cœur de Jésus, de l'aimer et d'en être aimé. Chérissez et honorez ceux qui vous humilieront ou qui vous mortifieront; regardez-les comme vos plus grands bienfaiteurs.

Le sacré Cœur de Jésus est le trésor de toutes grâces, et la confiance en est la clef. Abîmez toutes vos misères dans le cœur miséricordieux et compatissant de l'aimable Jésus. Portez-y vos petits chagrins; tenez-vous-y comme dans un fort assuré : tout y sera pacifié, vous y trouverez le remède à vos maux, la force dans vos faiblesses et votre refuge en toutes vos nécessités.

Oubliez-vous vous-même, et le Cœur de Jésus vous fera voir qu'il n'est pas moins aimable dans les amertumes du Calvaire que dans les jouissances du Thabor. Au reste, voulez-vous savoir qui entrera plus avant dans cette sacrée demeure du Cœur de Jésus? Ce sera l'âme la plus humble et la plus méprisée; la plus dénuée de tout sera celle qui le possèdera davantage; la plus charitable en sera la plus aimée; la plus silencieuse en sera la mieux enseignée, enfin la plus obéissante sera celle qui y aura le plus de crédit et de pouvoir.

CORBEIL, typ. et stér. de CRÉTÉ

www.ingramcontent.com/pod-product-compliance
Lightning Source LLC
Chambersburg PA
CBHW061718060726
47597CB00006B/2440